小跳豆 Jumping Bean 幼兒生活安全故事系列

我不亂進廚房

新雅文化事業有限公司

www.sunya.com.hk

小跳豆
幼兒生活安全故事系列
跟着跳跳豆和糖糖豆一起注意安全守則！

　　幼兒在成長的過程中，喜歡到處探索，喜歡用眼睛看世界。他們必會對各種事物都充滿好奇，但同時毫無防備，往往做出一些危險的行為，例如爬窗、玩火、在馬路上亂跑、玩自動門等。為避免幼兒發生意外和受傷，家長可以結合幼兒的生活進行安全教育，提高孩子的自我保護意識和能力。

　　《小跳豆幼兒生活安全故事系列》共 6 冊，透過跳跳豆和糖糖豆的日常生活經歷，指導幼兒要注意安全，不要爬窗、不亂放玩具、不亂進廚房、小心玩水、小心過馬路和不要玩自動門等等。

　　書後設有「親子小遊戲」，以有趣的形式幫助孩子認識各種安全守則。「安全評分區」讓孩子給自己的日常表現評評分，鼓勵他們自我檢測一下自己的安全意識和能力。

讓親子閱讀更有趣！

　　本系列屬「新雅點讀樂園」產品之一，若配備新雅點讀筆，爸媽和孩子可以使用全書的點讀和錄音功能，聆聽粵語朗讀故事、粵語講故事和普通話朗讀故事，亦能點選圖中的角色，聆聽對白，生動地演繹出每個故事，讓孩子隨着聲音，進入豐富多彩的故事世界，而且更可錄下爸媽和孩子的聲音來說故事，增添親子閱讀的趣味！

　　「新雅點讀樂園」產品包括語文學習類、親子故事和知識類等圖書，種類豐富，旨在透過聲音和互動功能帶動孩子學習，提升他們的學習動機與趣味！

想了解更多新雅的點讀產品，請瀏覽新雅網頁(www.sunya.com.hk)或掃描右邊的QR code進入 。

如何使用新雅點讀筆閱讀故事?

1. 下載本故事系列的點讀筆檔案

① 瀏覽新雅網頁(www.sunya.com.hk) 或掃描右邊的QR code 進入 新雅‧點讀樂園 。

② 點選 下載點讀筆檔案 ▶ 。

③ 依照下載區的步驟說明,點選及下載《小跳豆幼兒生活安全故事系列》的點讀筆檔案至電腦,並複製至新雅點讀筆的「BOOKS」資料夾內。

2. 啟動點讀功能

開啟點讀筆後,請點選封面右上角的 新雅‧點讀樂園 圖示,然後便可翻開書本,點選書本上的故事文字或圖畫,點讀筆便會播放相應的內容。

3. 選擇語言

如想切換播放語言,請點選內頁右上角的 粵 ☆ 普 圖示,當再次點選內頁時,點讀筆便會使用所選的語言播放點選的內容。

4. 播放整個故事

如想播放整個故事，請直接點選以下圖示：

5. 製作獨一無二的點讀故事書

爸媽和孩子可以各自點選以下圖示，錄下自己的聲音來說故事！

1️⃣ 先點選圖示上爸媽錄音或孩子錄音的位置，再點 OK，便可錄音。

2️⃣ 完成錄音後，請再次點選 OK，停止錄音。

3️⃣ 最後點選 ▶ 的位置，便可播放錄音了！

4️⃣ 如想再次錄音，請重複以上步驟。注意每次只保留最後一次的錄音。

今天是跳跳豆和糖糖豆的生日，
媽媽在廚房裏預備生日會。
跳跳豆和糖糖豆走進來，
想看看媽媽做了什麼食物。
啊！有沙拉、布丁和蛋糕。
媽媽說：「你們先出去玩吧，
爸爸回來就可以吃了。」

糖糖豆回到客廳，
和她的布偶玩耍。
她想起扁嘴鴨快一歲了，
便說也要替他開生日會。

糖糖豆拿出她的廚房玩具，
學媽媽煮東西，
給她的小客人吃。

糖糖豆一邊唱歌，
一邊把餐具分給小客人。

跳跳豆看見了，問道：
「妹妹，你在做什麼？」
糖糖豆開心地說：
「我在給扁嘴鴨開生日會！」
跳跳豆聽見了，
便說要當小廚師，
幫忙預備食物。

跳跳豆拿來水果。

糖糖豆説：「真好！

請他們吃水果沙拉，好嗎？」

跳跳豆説：「好吧，

就做水果沙拉！」

跳跳豆走到廚房，對媽媽説：
「妹妹要替扁嘴鴨開生日會，
我想幫忙做水果沙拉，
請你給我一把刀子切水果。」
媽媽説：「刀子鋒利，
小孩子不可以自己使用。
就拿這個小蛋糕來慶祝吧！」

糖糖豆看見小蛋糕，
感到很開心。
她找來了一盒蠟燭，説：
「哥哥，把蠟燭點起來，好嗎？」
跳跳豆説：「好呀！」

跳跳豆和糖糖豆來到廚房，
看見媽媽不在，
就自己取火點燃蠟燭。

廚房裏傳來一陣香味。

跳跳豆說：「妹妹，你拿着蠟燭，
讓我看看有什麼好吃的東西。」

說着，跳跳豆便想打開鍋蓋。

「哎喲！」
跳跳豆的手給鍋蓋燙傷了，
大聲呼痛。
媽媽聽見叫聲，
連忙走進廚房，説：
「妹妹，把蠟燭給媽媽！
哥哥，快來沖洗傷口！」

媽媽告訴兄妹倆：

「廚房裏有很多利器、煮食爐，

還有很多熱的東西，

很容易把你割傷、燒傷或燙傷。

你們年紀小，

記着不要自己走進廚房，

也不要玩火和亂碰廚房裏的東西。」

跳跳豆和糖糖豆同聲說：「知道了！」

29

親子小遊戲

小朋友，你在廚房應該怎樣做？在正確做法的 ◯ 中加 ✔。

A.

◯

自己取火點燃蠟燭

B.

◯

揭起滾燙的鍋蓋

C.

◯

幫媽媽拿東西

答案：C

小朋友，以下這些都是你應該掌握的生活安全小常識啊！
你做得到的話，請你把 ♡ 填上顏色。然後跟爸爸媽媽說
一說，你獲得多少個 ♡。

不擅自倒熱開水。　　　　　　　　　　　　　　　　♡

不亂開煤氣爐。　　　　　　　　　　　　　　　　　♡

不把筷子含在嘴裏。　　　　　　　　　　　　　　　♡

不玩打火機。　　　　　　　　　　　　　　　　　　♡

不拿着尖東西奔跑玩耍。　　　　　　　　　　　　　♡

小跳豆幼兒生活安全故事系列

我不亂進廚房

原著：秋千

改編：新雅編輯室

繪圖：何宙樺

責任編輯：劉紀均

美術設計：鄭雅玲

出版：新雅文化事業有限公司

香港英皇道499號北角工業大廈18樓

電話：(852) 2138 7998

傳真：(852) 2597 4003

網址：http://www.sunya.com.hk

電郵：marketing@sunya.com.hk

發行：香港聯合書刊物流有限公司

香港荃灣德士古道220-248號荃灣工業中心16樓

電話：(852) 2150 2100

傳真：(852) 2407 3062

電郵：info@suplogistics.com.hk

印刷：中華商務彩色印刷有限公司

香港新界大埔汀麗路36號

版次：二〇二一年七月初版

二〇二二年六月第二次印刷